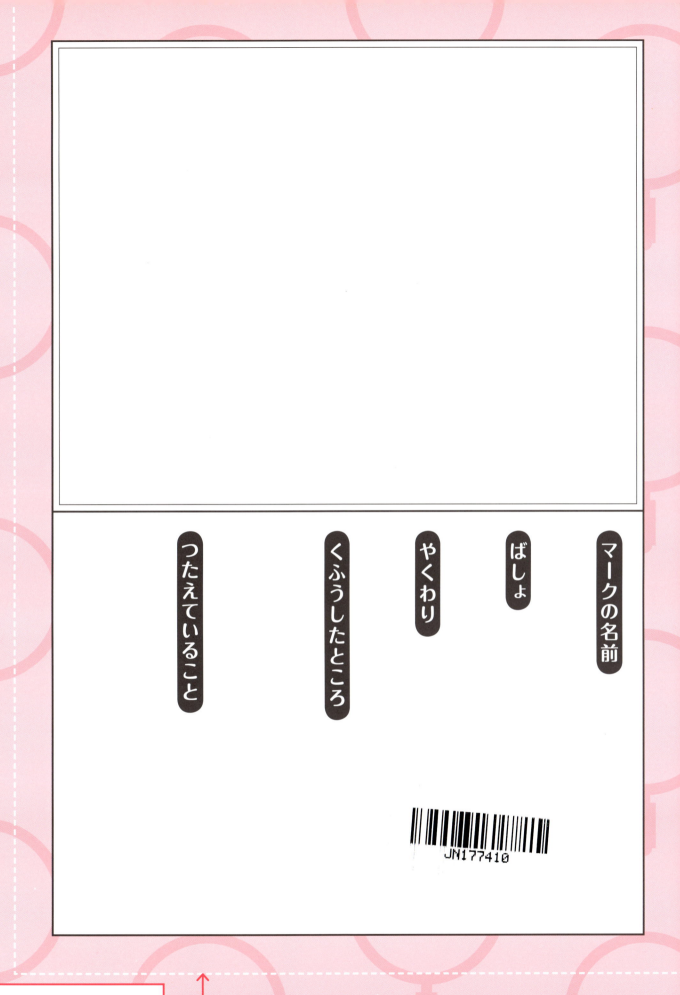

右上の角に合わせてコピーしてください。
B5サイズのワークシートになります。

さがしてみよう！
まちの記号とマーク ⑤

テレビ・ネットの

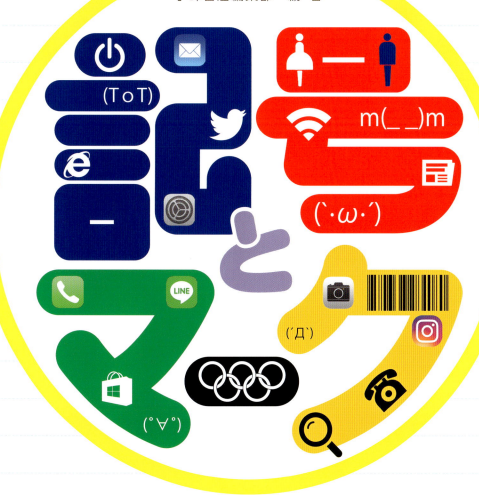

小峰書店編集部　編・著

記号とマーク

小峰書店

もくじ

記号とマークをさがそう！

シーン1 スマホ …… 4
- スマホにある記号とマークのやくわりとくふう …… 6
- 🔍ズームイン スマホにあるアイコンやスタンプ …… 8

シーン2 パソコン …… 10
- パソコンにある記号とマークのやくわりとくふう …… 12
- 🔍ズームイン デスクトップにあるマーク …… 14

シーン3 テレビ …… 16
- データ放送で見つけた記号とマークのやくわりとくふう …… 18
- 🔍ズームイン 会社のマーク …… 20
- 🔍ズームイン 国際組織のマーク …… 22

シーン4 オリンピック …… 24
- オリンピックで見つけた記号とマークのやくわりとくふう …… 26
- 🔍ズームイン 競技ピクトグラム …… 28

シーン5 図書館 …… 30
- 図書館で見つけた記号とマークのやくわりとくふう …… 32
- 🔍ズームイン 商品を流通させるための記号 …… 34

記号とマークのQ&A …… 36

さくいん …… 38

この本の読み方

1 記号とマークをさがそう！

● ここに書かれた記号とマークが、絵の中のどこにあるか、さがしてみよう。

2 見つけた記号とマークの、やくわりとくふうを見てみよう！

● 「ここにあったよ！」を見ると、前のページの「こんな記号とマークがあるよ！」の答えがわかるよ。

● 記号とマークのくわしい紹介の部分だよ。「やくわり」と「くふう」、「つたえていること」を説明しているよ。

ピンク色は会社のマークを表します。

3 ズームインのページ

● このシーン（ここではテレビ）にある記号とマークに、ズームインするページだよ。同じようなやくわりをもつ記号とマークを集めているので、記号とマークがどんなふうに役に立っているのかが、よくわかるよ。

ほかにどんな記号とマークがあるか、自分でさがしてみよう！

記号とマークをさがそう！

シーン1 スマホ

　メールをしたり、ラインをしたり、写真をとったり。今、スマホ（スマートフォン）は生活にかかせない道具です。スマホには、何ができるかひと目でわかるアイコンがならんでいます。アイコンを指でさわると、次の画面に進みます。

こんな記号とマークがあるよ！

あ	青い、手紙の絵のアイコンがある。
い	緑色の、受話器の絵のアイコンがある。
う	方位磁石の絵のアイコンがある。
え	歯車の絵のアイコンがある。
お	カメラの絵のアイコンがある。
か	「51％」と書いてある横に、電池のような絵のマークがある。
き	白い線でおうぎが広がっているような形のマークがある。
く	するどい矢印の先のような、白いマークがある。
け	白いふきだしの中に「LINE」と書かれた絵のアイコンがある。

シーン1 スマホにある記号とマークの やくわり と くふう

ここにあったよ！

 あ メール

 い 電話

やくわり メールを送ったり、受け取ったりできます。
くふう 青い背景に、白い封筒の絵です。まだ見ていないメールの数が、赤い丸の中に数字で表されます。
つたえていること 封筒は「手紙（メール）」を意味します。新しいメールを書いたり、これまでに送受信したメールを見たりできます。

やくわり 電話をかけたり、受けたりできます。
くふう 緑色の背景に、白い受話器の絵がかかれています。
つたえていること 電話をかけるときは、ここをさわってください、とつたえます。また、知り合いの電話番号を登録して、電話帳として使うことができるとつたえています。

う　サファリ（ブラウザ※）

※ブラウザは、ウェブサイトを見るためのソフトウェア。

- **やくわり**　ウェブサイトを見ることができます。
- **くふう**　方位磁石の絵です。
- **つたえていること**　アップル社のブラウザだとわかります。すべての方角を表す方位磁石の絵で、世界中のウェブサイトにつながることができる、とつたえています。

え　設定

- **やくわり**　文字の大きさや、着信音の大きさなどを、好きなように変えて、使いやすくすることができます。
- **くふう**　歯車がいくつも組み合わされた絵です。
- **つたえていること**　持ち主の好みに合わせて、歯車がかみあうように、使いやすいスマホにできるとつたえています。

お　カメラ

- **やくわり**　カメラとして使えます。
- **くふう**　カメラを正面から見た絵です。
- **つたえていること**　写真や動画をとることができます。また、とった写真や動画のデータは、このスマホの中に保存しておいたり、ほかのスマホやパソコンに送ったりできます。

か　充電

- **やくわり**　バッテリーの残りの量を表します。
- **くふう**　電池の絵の白い部分が、今残っているバッテリーの量です。左側の数字でも表しています。
- **つたえていること**　充電が必要になるまで、あとどれくらいスマホが使えるかをつたえます。

き　Wi-Fi

- **やくわり**　無線LAN※の電波状態を表します。
- **くふう**　3つの曲線が、おうぎの形に広がっています。電波が弱い場所では、曲線の数がへります。
- **つたえていること**　無線LANが使える場所にいることが、わかります。

く　GPS（位置情報）

- **やくわり**　自分のいる場所がわかる、GPS機能を利用できると知らせます。
- **くふう**　矢印の先のような、とがった形です。
- **つたえていること**　地図の上でこのマークのとがった先がさしているのが、今いる場所です。通信衛星から電波を受信してしめします。

※LANとは、大きなコンピューターとパソコンをつなげるしくみのこと。無線LANは、線（コード）なしでつなげる。

けについてはつぎのページでくわしく説明しています。

ズームイン スマホにあるアイコンやスタンプ

アプリ アプリをダウンロードして楽しむ

　スマホは、はじめての人でも、さわっているうちに使えるようになります。それは、アイコンを指でさわることで操作ができるからです。

　スマホでは、いろいろなアプリがアイコンで表されます。アプリとは、「アプリケーションソフトウェア」のことで、ダウンロード（スマホなどに新しく取りこむこと）して使いますが、スマホに最初から入っているものもあります。

け ライン

やくわり　「ライン」というアプリだと知らせます。

くふう　緑色の背景に、白いふきだしがあり、中に「LINE」と書いてあります。

つたえていること　グループの人たちで、メッセージをやりとりできる無料のアプリです。ふきだしの中に書きこんだ文字が表示され、おしゃべりを楽しむようにやりとりできます。スタンプとよばれる絵をつけることもできます。電話もかけられます。

↑「フェイスブック」のアイコン。もっとも代表的なソーシャルネットワーキングサービス（SNS※）。13歳以上の人が参加できる。

↑「ツイッター」のアイコン。140文字までの短い文章を発信することができる。SNSのひとつで、「ツイッター」とは「小鳥のさえずり」の意味。

↑「インスタグラム」のアイコン。SNSのひとつで、写真をアップ（投稿）して、なかまどうしで楽しめる。写真にかざりを入れるなどして、おしゃれにできる。

↑「ユーチューブ」のアイコン。動画をみんなで楽しむための、代表的なサイト。アプリ名は「あなたのテレビ」という意味。だれでも見ることができる。

※SNSとは、人と人とをつなぎ、写真や文章などのやりとりを楽しむための、インターネットを使ったサービス。

コミュニケーションをもっと楽しく！

ラインやメールで相手とやりとりをするときに、「スタンプ」や「顔文字」を使います。これらは、送る人の気分や気持ちを相手につたえるのに、とても役に立ちます。見たとんに、わかるからです。

このやりとりは、スマホを使う人みんなが、ひとつのスタンプの絵に同じ意味を読み取ることで、なりたっています。

ラインでやりとりをしているスマホの画面。送った文字がふきだしで表示される。「スタンプ」の絵で、相手に自分の気持ちがつたわりやすい。

スタンプ

©2017 San-X Co., Ltd. All Rights Reserved.　©2013,2017 SANRIO CO.,LTD.

ケーブルインターネット ZAQのキャラクター「ざっくぅ」　リラクトコミックス「タヌキとキツネ」©アタモト/フロンティアワークス

ラインで使われる「スタンプ」。アニメーションで動くスタンプもある。もともと、スマホに入っているものと、「スタンプショップ」で買ってダウンロードするものがある。自分でつくることもできる。

顔文字

(＾＿＾)（ｉ＿ｉ）(＾_＾;)(＊`ω´)♪
(´▽`)(￣▽￣)(＾ω＾)(~_~;)p(^_^)
q(((o(*゜▽゜*)o)))ヾ(＠＾ー＾＠)ノ
(￣＾￣)ゞ(´Д`)(/_;)(＞人＜;)
m(__)mヽ(;▽;)ノ(=^ｪ^=)
(⌒-⌒;)♪(´ε｀)o(^▽^)o(^_-)
Σ(ﾟДﾟ)(>_<)(-_-)zzz(*^○^*)

かっこ( ) や、スラッシュ / など、文字を打ちこむときに使う記号を組み合わせて、人の顔の表情をつくったもの。絵のように見えるので、メールの文章につけくわえると、文字ばかりのメールよりも楽しく読んでもらえる。

記号とマークをさがそう！
シーン2 パソコン

　パソコンをじょうずに使えるようになるために、学校では使い方の基本を学びます。
　ほとんどの学校で使うのは、マイクロソフトという会社がつくっている、ウィンドウズというOS（パソコンを動かすために必要なソフト）が入ったパソコンです。ウィンドウズは今、世界中でもっとも使われているOSです。

こんな記号とマークがあるよ！

あ 画面の左下とキーボードの右上に、丸の中から棒がつき出た形のマークがある。

い 青いアイコンで、ふたりの人の絵がある。

う 青いアイコンで、アルファベットのeににた文字がある。

え 赤いアイコンで、おりたたんだ新聞の絵がある。

お 青いアイコンで、とってのついた紙ぶくろの絵がある。

か 黒いアイコンで、オレンジの電車の絵がかいてある。

シーン2 パソコンにある記号（きごう）とマークの やくわり と くふう

ここにあったよ！

あ　電源（でんげん）

やくわり　パソコンの電源を表すマークです。
くふう　｜（ON）と○（OFF）の記号を合体させ、○の上があいた形です。
つたえていること　キーボードのボタンと画面にあるマークで、電源を入れたり（ON）切ったり（OFF）できます。多くの電化製品で見られるマークです。

い　アドレス帳（ちょう）

やくわり　電話番号や住所、メールアドレスを調べることができます。
くふう　ふたりの人がずれて重なった絵で、たくさんの人を表します。
つたえていること　だれかにメールを送ったり、電話をかけるときに、連絡先を見つけることができます。

 **う マイクロソフトエッジ（ブラウザ※）**

※ブラウザは、ウェブサイトを見るためのソフトウェア。

やくわり ウェブサイトを見ることができます。
くふう eは、「Edge」のEの小文字です。Edgeは「さかいめ、はし」などの意味です。
つたえていること マイクロソフト社のブラウザだとわかります。世界中のウェブサイトにつながることができる、とつたえています。

 **え ニュース**

やくわり ニュースを読んだり、ニュース映像を見たりできます。
くふう 新聞紙をおりたたんだ絵です。
つたえていること 通信社や新聞社が発信するニュースを見ることができます。インターネットでつたえるニュースは、テレビや新聞よりも早い、最新の情報です。

 **お ストア**

やくわり インターネットで買い物をすることができます。
くふう とってのついた、紙ぶくろの絵です。
つたえていること ほしい物を、インターネット上のたくさんの店と商品の中からえらんで、かんたんに注文することができます。

 **か 乗換案内**

やくわり 「ジョルダン」のウェブサイトです。
くふう 電車を正面から見た絵です。
つたえていること 電車などで移動するときに、目的地まで安くて短い時間で行くための行き方を、調べることができます。いくつかの電車を乗りつぐときに便利です。

マイクロソフト社とアップル社のロゴマーク ▶

マイクロソフト社とアップル社は、パソコンを動かすために必要なOSをつくっている会社です。パソコンにはかならず、つくった会社のロゴマークがついています。ロゴマークを見れば、どの会社のものかがわかります。

マイクロソフト社のロゴマーク。

アップル社のロゴマーク。りんごがかじられた形。

ズームイン デスクトップにあるマーク

クリック！ アイコンを使って作業する

パソコンでできるのは、ゲームをしたり、ウェブサイトを見ることだけではありません。アプリを使って、文書などのデータをつくることができます。つくったデータは「ファイル」とよばれます。たくさんのファイルをグループにして「フォルダ」にまとめたり、いらないものは「ごみ箱」に入れたりして、整理をします。

これらのパソコンの画面にあるマークを、「アイコン」とよんでいます。

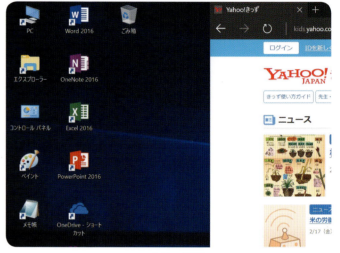

ウィンドウズのデスクトップ画面。左側に、いろいろなアプリやファイルのアイコンが見えている。自分のつくえの上に、プリントやノートがおいてあるようなもの。

Word ワード

やくわり このアプリは文書をつくることができます。
くふう 「Word」とは英語で「言葉」の意味です。頭文字のWがデザインされたアイコンで、中に書類をはさんでまとめておくファイルのような絵です。
つたえていること お知らせ、手紙、案内文、パンフレットなど、横書きやたて書きの文書をつくるのに便利です。

← 「Excel エクセル」のアイコン。ルールにしたがって数字を打ちこむだけで、たし算やかけ算、わり算などの計算が自動でできる。色は緑色。

← 「PowerPoint パワーポイント」のアイコン。文字や写真、グラフなどが入った画面を、かんたんにつくることができる。色はオレンジ。

データの整理に使うアイコン

←「フォルダ」のアイコン。たくさんのファイルや画像などのデータを、グループごとにまとめて入れておく。文字を打ちこんでフォルダに名前をつけ、整理する。

←「ごみ箱」のアイコン。いらなくなったファイルやフォルダをこの中へ入れて、すてる準備をする。画面をすっきりさせて作業できる。

子ども用検索エンジンのロゴマーク

↑情報サービス会社のYAHOO!ジャパンがつくっている、子ども用の検索エンジン「YAHOO！きっず」のロゴマーク。調べものをしたいとき、子どもに読みやすいサイトを教えてくれる。

キッズgooの検索画面。「けんさくする」の左の白い部分に調べたい言葉を打ちこむと、その言葉について子ども向けにわかりやすくまとめてあるサイトがしめされる。

↑インターネットの検索エンジンの会社、Googleがつくっている、子ども用の検索エンジン「キッズgoo」のロゴマーク。

キーボードにある矢印の意味は？

パソコンのキーボードは、文字を打ったり、パソコンに命令したりするためのものです。それぞれのキーには、記号がついていて、そのキーのやくわりをしめします。ここでは、「シフトキー」と「エンターキー」のやくわりと、ついている矢印の意味をみてみましょう。

「エンターキー」は、決定したり、行を変えたりするのに使う。行を変えたときに、入力場所が行の左はしにもどるので、「下へ行って左へもどる」の矢印がある。

「シフトキー」は、ほかのキーと組み合わせて使う。ひとつのキーにいくつかある記号のうち、上側にある記号を打ちこむことができるので、上向きの矢印がある。たとえば左上の「1 ぬ」のキーといっしょにシフトキーをおすと、「！」を打ちこめる。

記号とマークをさがそう！

シーン 3 テレビ

　テレビには、いくつものチャンネルがあります。どのチャンネルでも、アニメ番組、ニュース番組、バラエティ番組など、いろいろな番組を放送しています。

　ここでは、テレビを見ている人がリモコンを使って番組に参加できる、データ放送を見てみましょう。どんなマークがあるでしょうか？

こんな記号とマークがあるよ！

あ	開いた目の絵のマークがある。
い	太陽と雲の絵のマークがある。
う	サングラスをかけた、青い犬の絵がある。
え	「FNN NEWS」と書かれた、青いマークがある。
お	電車の絵のマークがある。
か	リモコンに、dの文字のボタンがある。
き	手前のテレビに、青い○と赤い×がある。
く	リモコンに、4つの色のボタンがある。

シーン3 データ放送で見つけた記号とマークのやくわりとくふう

ここにあったよ！

あ　フジテレビのマーク

い　天気予報のマーク

やくわり　このデータ放送のテレビ局を、知らせます。
くふう　人に強い印象をあたえるものとして、目玉の絵が会社のシンボルマークになりました。「目ん玉マーク」ともよばれています。
つたえていること　テレビをつけた人に、フジテレビの放送だとつたえます。

やくわり　天気予報を知らせます。
くふう　ピカピカにかがやく太陽が、雲に少しかくされている絵です。
つたえていること　今日の天気は、晴れときどきくもりだと知らせます。ほかに、かさの絵や雪だるまの絵で「雨がふる」「雪がふる」などもあり、天気をすべてマークでつたえます。

う ラフくん

やくわり フジテレビのキャラクターです。
くふう 青い体で、サングラスをかけています。
つたえていること 英語の「laugh（笑う）」からつけられた名前です。テレビを見る人に笑いをとどけたいという思いでつけられました。

FNN NEWS

え ニュース番組

やくわり ニュースを見ることができます。
くふう 7つの文字をならべたマークです。FNNは「Fuji News Network」の頭文字です。
つたえていること 最新のニュースを、データ放送でいち早くつたえます。

お 鉄道情報

やくわり 電車が時刻表どおりに動いているかを、知らせます。
くふう 線路の上の電車を正面から見た絵です。
つたえていること 電車がおくれていないかを前もってたしかめられるので、便利です。

か リモコンのdボタン

やくわり データ放送を見るためのボタンです。
くふう 「data」の頭文字「d」のマークです。
つたえていること 17ページのテレビ画面のように、番組の情報や最新のニュース、天気予報などを一度に見ることができます。

青のボタン **赤のボタン**

き ○×クイズの色

やくわり データ放送で、テレビを見ている人がクイズに答えることができます。
くふう ○は青ボタン、×は赤ボタンです。
つたえていること 答えるときに青と赤のどちらかのボタンをおすように、とつたえます。

青　赤　緑　黄

く リモコンの4色のボタン

やくわり データ放送で、テレビを見ている人がテレビ局へ信号を送るのに使います。
くふう 青、赤、緑、黄の4色です。
つたえていること クイズに答えたり、画面の人とじゃんけんをしたりするときに使います。

ズームイン 会社のマーク

宣伝 コマーシャルに出てくるマーク

セブン-イレブンのおにぎりのコマーシャル。テレビの番組の合間に、番組のスポンサー（広告主）のコマーシャルが流れる。画面の右下に、会社のロゴマークが見える。

子どもからお年よりまで、さまざまな人がテレビを見ます。番組の合間には、商品を宣伝するためのコマーシャルが流れます。コマーシャルでは、会社のロゴマークが大きなやくわりをはたしています。

画面にロゴマークがあれば、そのコマーシャルがどの会社のコマーシャルなのか、見たとたんにわかってもらえます。

セブン-イレブン（コンビニエンスストア）

やくわり　「セブン-イレブン・ジャパン」だと知らせます。

くふう　数字の7と、英語のELEVEn（11の意味）を組み合わせています。最後のnだけが小文字です。

つたえていること　3つの色は、オレンジが「朝焼け」を、赤が「夕焼け」を、緑が「オアシス（心と体をなごませる場所）」を表します。朝から夜まで、お客さまのオアシスでありたいという思いがこめられています。

← 「ローソン」のロゴマーク。もともとは牛乳をあつかうお店だったことから、牛乳びんの絵になっている。

↑ 「ファミリーマート」のロゴマーク。青と緑で、「楽しさ」や「新鮮さ」、「信頼」「安心」を表す。2色の部分は、ファミリーマートとお客さまとの太い「絆」を表している。

おもちゃの会社

↑「任天堂」のロゴマーク。おもに、ゲームソフトをつくっている会社。ローマ字をならべたマークで、外国でも広く知られている。

↑「タカラトミー」のロゴマーク。どこまでも広がる青い空の色。トミカやプラレール、リカちゃんなどが人気。

↑「バンダイ」のロゴマーク。たまごっちなどのおもちゃをつくっている会社。

※ロゴマークの右側に小さくついている®については、2巻37ページを見てください。

スポーツ用品の会社

←「ミズノ」のロゴマーク。3つの曲線でできた上の部分は、宇宙での惑星の軌道（惑星が通る道すじ）を表している。

←「プーマ」のロゴマーク。ネコ科の動物がとびはねる絵で、会社とその製品の、動物のような力強さを表している。

ファストフード店

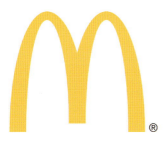

←「マクドナルド」のロゴマーク。アメリカに最初にできた店の両側には、遠くからでも店が目立つように金色の2本の門があった。それがロゴマークのもとになっている。

←「モスバーガー」のロゴマーク。「MOS」は、Mountain（山）、Ocean（海）、Sun（太陽）の頭文字をとったもの。「M」の形は、ふっくらしたパンを表す。

テレビ局

←「TBS」のロゴマーク。人が歩いているようすを絵にしたもので、マークそのものに「ジ〜ン」という名前がついている。赤い色は、人のあたたかさを表している。

↑「テレビ東京」のロゴマーク。「TV」のVと「TOKYO」のYがのびて、輪をつくっている。テレビ東京のバナナ社員「ナナナ」が、7チャンネルの形になっている。

ズームイン 国際組織のマーク

世界 テレビで見られる国際組織のシンボルマーク

　環境問題や戦争など、世界中で取り組まなければならない大きな問題が、たくさんあります。それらに取り組むため、国どうしが力を合わせる必要があります。

　そのためにつくられたのが、国際連合（国連）です。国連には、目的ごとにいろいろな機関（組織）がつくられています。それぞれのシンボルマークのもとに、世界中の国が集まります。

テレビのニュースで流れる、地球温暖化問題を話し合う国際会議の後の記者会見のようす。話している人の後ろ右に、青い国連の旗がかかげられている。

国際連合

やくわり 世界の国ぐにの平和と安全のためにつくられた、「国際連合（国連）」のマークです。

くふう どの国が中心でもないことを表すために、北極をまん中にした地図です。そのまわりを、平和を表すオリーブの葉がかこんでいます。

つたえていること 国連は、国どうしが力を合わせることで、世界の平和をめざします。

国連本部にかかげられている国連の旗。世界の国ぐにの旗といっしょにかかげられるときは、国連の旗がいちばん高い場所でなければならないと決められている。

世界保健機関（WHO）

←世界の人びとの健康を守るための、国連の機関。「アスクレピオス（ギリシャ神話の医術の神）」が持っている「杖」をマークにしている。「蛇」は、アスクレピオスのつかい。

国連児童基金（ユニセフ）

←まずしい国や、戦争などで苦しんでいる国の子どもたちを助けるために活動する、国連の機関。地球と、親子のすがたがマークになっている。

世界自然保護基金（WWF）

©1986 Panda Symbol WWF ® "WWF" is a WWF Registered Trademark

←絶滅するかもしれないという危機にある野生生物を助けるために、活動している国際団体。パンダマークをつけた商品をつくって、寄付金を集めている（くわしくは1巻7ページ）。

国連難民高等弁務官事務所

←世界の難民（住んでいる場所を追われて避難している人たち）を助けるための、国連の機関。人の上に、人の手で屋根をつくっている絵がマークになっている。

国連教育科学文化機関（ユネスコ）

←教育・科学・文化の面で国ぐにが力を合わせるための、国連の機関。世界遺産を認定する。人類の英知のシンボルである、古代ギリシャのパルテノン神殿を正面から見たすがたを、マークにしている。

赤十字国際委員会

←戦争などできずついた人たちを守り、助けるための国際組織。およそ80の国で1万4000人以上が活動する。赤十字のマークをつけた人や建物は、ぜったいに攻撃をしてはならないと定められている。

国際宇宙ステーション

←アメリカ、ロシア、日本、カナダ、欧州宇宙機関が力を合わせて動かしている、宇宙にある施設。地球の上をまわるステーションの絵を、エンブレム（マーク）にしている。

欧州宇宙機関

←ヨーロッパの国ぐにがいっしょになってつくった、宇宙開発・研究機関。「イサ」とよばれる。

記号とマークをさがそう！

シーン4 オリンピック

男子200m 表彰式
金 USA
銀 JPN
銅 HUN

4年に一度、世界中からひとつの都市に選手が集まって、さまざまな競技の大会が開かれます。それがオリンピックです。

会場へ行かなくても、競技や表彰式のようすをテレビやインターネットで見ることができます。生中継の映像を見ながら、みんながおうえんしています。

こんな記号とマークがあるよ！

あ 大型モニターの右上に、5つの輪が重なったマークがある。

い 選手の名前の左はしに、色のちがう3つの丸い印がある。

う 右の選手が、「Rio2016」の文字がついた、あざやかな色のものを持っている。

え まん中の選手のユニフォームの胸に、赤と青でできたマークがある。

お 左の選手が、かわいい人形を持っている。

か 画面の右上に、「LIVE」の文字がある。

き 競技名の左側に、人が泳いでいる絵の青いマークがある。

※この絵では架空（じっさいには存在しない）の選手の名前にしています。

シーン4 オリンピックで見つけた 記号とマークのやくわりとくふう

ここにあったよ！

あ オリンピックのシンボルマーク

やくわり オリンピック競技大会を表す、シンボルマークです。
くふう 白い背景に、青、黄、黒、緑、赤の5つの輪がつながりあっています。
つたえていること 世界の5つの大陸がつながり合い、世界中から選手が集まる大会です、とつたえています。「世界はひとつ」という思いがこめられたシンボルマークです。

い 大会のメダル

やくわり オリンピックのそれぞれの競技・種目の、1位・2位・3位の入賞者を表します。
くふう 1位が金メダル、2位が銀メダル、3位が銅メダルです。大会ごとに、デザインが変わります。
つたえていること これらのメダルを手にした選手は、正々堂々と力のかぎりたたかい、栄光を勝ちとったことを、つたえています。

う 大会のロゴマーク

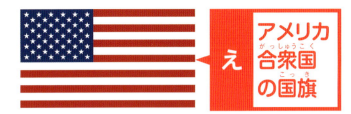

え アメリカ合衆国の国旗

やくわり 2016年のブラジル・リオデジャネイロオリンピックのシンボルマークです。
くふう あざやかな色の3人が手をつないでいる絵と、「Rio2016」の文字、オリンピックのシンボルマークが組み合わされています。
つたえていること 情熱の国・ブラジルで開かれるオリンピックの魅力をつたえます。

やくわり アメリカ合衆国のシンボルです。
くふう 全体は赤の横しまもようで、左上の青色の部分に白い星が50あります。赤と白のしまもようは独立したときの13の州を、星はすべての州を表します。
つたえていること アメリカの選手が金メダルを勝ちとった、とつたえています。

お 大会のマスコット

LIVE

か LIVEのマーク

やくわり 2016年リオデジャネイロオリンピック・パラリンピックのマスコットです。
くふう 左のヴィニシウスはネコ科の動物、右のトムは、南アメリカ大陸の豊かな植物の代表です。あざやかな色で、ブラジル・リオデジャネイロの特色を表しています。
つたえていること 世界中の人にこの大会を知ってもらい、親しんでもらいます。

やくわり この映像が、まさに今撮影されている、生中継の映像だと知らせます。
くふう LIVEは、英語で「生」の意味です。
つたえていること テレビの映像を記録できるようになると、放映されているのが録画か生の映像かが、見分けられなくなりました。そこで、生中継の映像にマークがつけられました。今は通信衛星を使った生中継が多いです。

パラリンピックのシンボルマーク

オリンピックのすぐあとに、体の不自由な人たちの世界最大の競技大会が開かれます。パラリンピックです。シンボルマークは赤・青・緑の3本の曲線でできています。「スリーアギトス」とよばれています。

パラリンピックのシンボルマーク。赤・青・緑の3つの色は、世界の国旗でもっとも多く使われている色からえらばれている。

き については次のページでくわしく説明しています。

ズームイン 競技ピクトグラム

競技 競技の楽しさ、おもしろさをつたえる

競技ピクトグラムは、世界中のすべての人が見て、何の競技かがわかるようにつくられたマークです。

2016年のブラジル・リオデジャネイロオリンピックでは、28の競技がおこなわれ、競技や種目ごとにたくさんの競技ピクトグラムがつくられました。大会のホームページや、テレビや新聞、雑誌など、さまざまなところで見られました。

リオデジャネイロオリンピックの競技ピクトグラム。丸みのある三角形がならんでいる。

き 競泳のピクトグラム

やくわり リオデジャネイロオリンピックの、競泳競技を表します。

くふう クロールで泳いでいる人の絵です。3本の曲線は、水面を表しています。

つたえていること これはリオデジャネイロオリンピックの競泳についての情報です、とつたえます。観戦チケットや競技会場、ニュースなどで見られます。

リオデジャネイロパラリンピックの、水泳を表すピクトグラム。いろいろな障がいの代表として、片手に障がいのある人がえがかれている。

2004年アテネオリンピック（ギリシャ）の競技ピクトグラム

← 3000年前にギリシャでさかえた古代文明の、彫像の形を取り入れている。少しずつ形がちがう、オレンジ色の四角のわくも特徴的。

2008年北京オリンピック（中国）の競技ピクトグラム

← 古代の青銅器にほられた「金文文字」のような線で、人間の動きを表している。

東京オリンピックから広まったピクトグラム ▶

オリンピックの競技をピクトグラムで表すこころみは、1936年のドイツ・ベルリンオリンピックが最初でしたが、トイレや公衆電話などの場所がピクトグラムで案内されたのは、1964年の東京オリンピックが最初でした。

東京オリンピックをきっかけに、案内用のピクトグラムは日本中に広まりました。

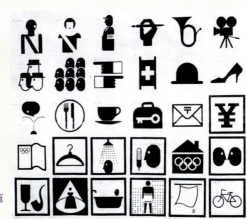

1964年の東京オリンピックで、施設の案内に使われたピクトグラム。

記号とマークをさがそう！

シーン5 図書館

　たくさんの本がならぶ図書館。図書館では、どんな記号やマークが見つかるでしょうか？
　本だけでなく、雑誌や音楽のCDもすべて、ついている記号やマークでおいてある場所がわかるようになっています。また、出版社から図書館へ新しい本がとどくまでにも、マークは大切なやくわりをはたしています。

こんな記号とマークがあるよ！

あ 本の背に、数字や文字を書いたラベルがはってある。

い パソコンの画面に、虫めがねのマークがある。

う 入り口の近くに、赤い○や×がついた絵がある。

え 図書館の外に、人が本をポストに入れている絵のマークがある。

お かりようとしている本の後ろに、こまかい、たてじまの記号がある。

シーン5 図書館で見つけた記号とマークの やくわり と くふう

ここにあったよ！

480
ア
1

あ **本の背ラベル**

日本十進分類法
図書館のすべての本は、この3けたの数字のどれかに分けられる。

やくわり この本が、図書館のどのたなの、どこにおかれている本かが、わかります。

くふう 上の段が分類記号を、まん中の段が書いた人の名前の頭文字を、下の段が巻を表します。

つたえていること 図書館の本を分類する「日本十進分類法」で分けられている本です。また、この背ラベルから、図書館の本だとわかります。

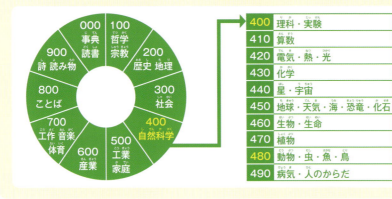

| 000 事典 読書 | 100 哲学 宗教 | 200 歴史 地理 | 300 社会 | 400 自然科学 | 500 工業 家庭 | 600 産業 | 700 工作 音楽 体育 | 800 ことば | 900 詩 読み物 |

400	理科・実験
410	算数
420	電気・熱・光
430	化学
440	星・宇宙
450	地球・天気・海・恐竜・化石
460	生物・生命
470	植物
480	動物・虫・魚・鳥
490	病気・人のからだ

480	動物学（動物全体のこと）
481	一般動物学（動物の基本など）
482	動物地理・動物誌（動物の標本など）
483	無脊椎動物（ミミズ、クラゲなど）
484	軟体動物（貝、カタツムリなど）
485	節足動物（クモ、カニなど）
486	昆虫類（カブトムシ、トンボなど）
487	脊椎動物（魚、トカゲ、カエルなど）
488	鳥類（カラス、ツバメなど）
489	ほ乳類（パンダ、ライオンなど）

い 検索機画面のマーク

やくわり この画面で、図書館にある本をさがすことができます。

くふう ものをよく見るための道具、虫めがねの絵です。

つたえていること 本をさがしたいときは、検索機の画面のこの場所を、指でさわってくださいとつたえます。書名、書いた人の名前、本の内容をひとことで表す言葉などを打ちこむと、たくさんの本の中から、その言葉に合う本を見つけ出します。

ふたがない飲み物　ふた付き飲み物　食べ物　たばこ

携帯電話　携帯メール　書きこみ禁止　大声注意　音量注意

う 館内ルールの表示

やくわり 図書館でしてはいけないこと、注意することを知らせます。

くふう 絵の上に、してもよいことは赤い○、いけないことは赤い×マークがついています。

つたえていること 本をよごすかもしれない行動や、ほかの人にめいわくな行動は、してはいけません、とつたえています。

え 本の返却ポスト

やくわり 図書館の外にある、本を返すためのポストの場所を、知らせます。

くふう 四角の大きな箱に口がついていて、持った本を、そこへ入れている人の絵です。

つたえていること 図書館がしまっている時間でも、本の返却ができます、とつたえています。学校や会社があって昼間行くことができない人でも、時間を気にせず返せます。

利用カードの自治体マーク ▶

都道府県や市町村のことを、「自治体」といいます。自治体がつくっている図書館では、貸し出しカードに自治体のマークを入れることが多いです。

自治体マーク

静岡県浜松市の図書館利用カード。浜松市のマークは、豊かな森林と、浜名湖・遠州灘を表している。

自治体マーク

熊本県阿蘇市の図書館利用カード。阿蘇市のマークは、「阿蘇」をローマ字で表したAに、Sの文字で火山の火を表す。

お については次のページでくわしく説明しています。

ズームイン 商品を流通させるための記号

バーコード 本が出版社から読者へとどくしくみ

できあがった本が、出版社から書店などをへて、読者までとどけられるしくみを「流通」といいます。

本が流通するために、本の裏表紙や帯には、数字とアルファベットを組み合わせた記号がついています。これは「バーコード」とよばれるもので、はばがちがう線の組み合わせによって数字や文字などを表し、機械で読み取れるようにしたものです。本だけではなく、あらゆる商品の流通に使われています。

本の裏表紙につけられたバーコード。上の段は「ISBNコード」といって、本につけられるコードで、世界で取り決められたもの。下の段は、日本だけの取り決めで本の分類やねだんを表すコード。

ISBN978-4-338-28408-0

9784338284080

C8337　￥2500E

1928337025000

ISBNコードの意味。バーコードの右か左に記してある。この数字の列は、バーコードの数字の列と同じものになっている。

❶ ISBN978 ➡「本」を表す記号
❷ 国の番号（日本） ❸ ➡ 出版社の番号
❹ ➡ 出版社が決めた本の番号
❺ ➡ チェック数字（検査のための数字）
❻ ➡ 本を販売する対象（読者）
❼ ➡ 発行形態（本の種類）
❽ ➡ 本の分類　❾ ➡ 本のねだん

お 本のバーコード

やくわり バーコードを読み取る専用の機械を使って、情報を読み取らせます。

くふう 30本の線と29の白い部分でできていて、全部で13の数字を表します。

つたえていること この本が、どこの国の、何という名前の出版社が発行する、何という書名の、いくらの本なのかなどの情報をつたえます。書店で買うときに、店の人が専用の機械を当てると「ピッ」と音がして、情報を読み取ります。そうすることで、本のねだんなどをたしかめます。

たくさんの情報をもつ QRコード

たて×横

四角形のQRコードは、二次元バーコードのひとつです。一次元のバーコードは横方向の情報しかもっていませんが、たてと横の両方とも、情報をもっています。たくさんの情報を表すことができるうえに、数字とアルファベットだけでなく、漢字やかななどの文字も表すことができます。見た目では何の情報かわかりませんが、機械で読み取ってみると、それぞれにちがうたくさんの情報が入っていることがわかります。

たとえば、スマホの画面にQRコードを表示して機械で読み取るようにすれば、飛行機の搭乗券が必要なくなります。

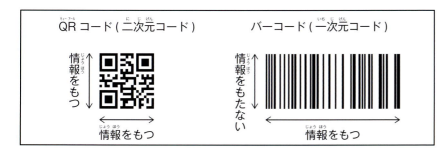

搭乗券のはたらきをするQRコード。スマホの画面に表示されたこのコードを、搭乗口の読み取り機にかざすだけで、飛行機に乗ることができる。

QRコード

やくわり スマホなどの道具を使って、たくさんの情報を読み取らせます。

くふう 上下左右360度の、どの方向からでも読み取ることができます。

つたえていること このコードは、英数字なら最大で約4000字、数字なら約7000字分の情報を表すことができます。携帯電話やスマホなどの読み取り機能を使って、かんたんに多くの情報をえることができます。

記号とマークのQ&A

Q1 会社のロゴマークはずっと変わらないの？

　会社のロゴマークは、会社の「顔」ともいえる大事なものです。しかし、会社のロゴマークは時代によって変化します。昔のものと今のものをくらべてみると、時代のうつりかわりと会社の特徴がよくわかります。

　昔は新聞やラジオでしかえられなかった情報が、今はテレビやパソコンやスマホで、かんたんにえられます。また、外国の人とのふれあいがさかんになり、より多くの人たちにわかりやすく親しみやすい形へと、変化しています。

　そのように時代がうつりかわるなかで、会社らしさをうしなわないロゴマークを、それぞれの会社がくふうしてつくってきたことがよくわかります。

森永製菓のロゴマークの変化。左から1905年、1915年、1927年、1933年、1951年、現在のもの。100年以上にわたって、エンゼル（天使）の絵がマークになっている。

象印マホービンのロゴマークの変化。左から、1952年、1958年、1977年、そして現在のもの。昔のものにくらべると、今のものはかわいらしい象がすっきりとした線でえがかれている。

楽器をつくっているヤマハのロゴマークの変化。左から1898年、1916年、1927年、1934年、1967年、現在のもの。1916年から、3つの音叉を重ねたマークは変わっていない。

音叉。たたいて音を出し、楽器の音の高さをあわせる道具。

A こたえ： 時代によって、変化しています。

インターネットが世界中をつないでいる現在では、記号とマークがますます、大きなやくわりをもつようになっています。情報社会にかかすことができない記号とマークについて、もう少しくわしく見てみましょう。

Q2 デザインバーコードって何？

バーコードは、商品を流通させるための情報をもりこんだものですが、形は長方形と決まっているわけではありません。「デザインバーコード®」といって、バーコードをいろいろな形と組み合わせたり、絵の一部にしたりできます。見ていて、楽しくなりますね。

A こたえ： 見た目にも楽しい、おしゃれなバーコードです。

Q3 「エルマーク」って何？

日本レコード協会がつくった「エルマーク」。

ダウンロードOK

ためし見・ためし聴きのみOK

ほかのサイトへ転載OK

ウェブサイトに、音楽や映画などのデータを勝手にアップロード（サーバーというインターネット上の大きな入れ物に送ること）することは、法律で禁止されています。このようなデータをダウンロード（パソコンに取りこむこと）することも、犯罪です。このようなことをされると、作品をつくった人や会社は、作品が売れなくなって、とてもこまります。

いっぽうで、作品をインターネット上であつかうことがみとめられているウェブサイトもあります。それを知らせるために、「エルマーク」がつくられました。このマークのあるウェブサイトは安心して利用できるという目印になります。

A こたえ： 音楽や映画などの作品データを、正しく利用するためのマークです。

さくいん

項目が絵で表されている場合も、そのページをしめしています。

あ

- アップル社（会社） …………… 5、13
- アテネオリンピックの競技ピクトグラム … 29
- アドレス帳 …………………… 11、12
- アメリカ合衆国の国旗 ………… 25、27
- インスタグラムのアイコン ……… 5、8
- ウィンドウズ …………………… 10
- Excelのアイコン ……………… 14
- エルマーク ……………………… 37
- エンターキー …………………… 15
- 欧州宇宙機関 …………………… 23
- OS ……………………………… 10、13
- オリンピックのシンボルマーク … 25、26

か

- 顔文字 …………………………… 9
- カメラ …………………………… 5、7
- キッズgoo ……………………… 15
- QRコード ……………………… 35
- 競泳のピクトグラム …………… 24、28
- 検索機画面のマーク …………… 31、33
- 国際宇宙ステーション ………… 23
- 国際連合（国連） ……………… 22
- 国連教育科学文化機関（ユネスコ） … 23
- 国連児童基金（ユニセフ） …… 23
- 国連難民高等弁務官事務所 …… 23
- ごみ箱のアイコン ……………… 14、15

さ

- サファリ（ブラウザ） ………… 5、7
- GPS（位置情報） ……………… 5、7
- シフトキー ……………………… 15
- 充電 ……………………………… 5、7
- スタンプ ………………………… 9
- ストア …………………………… 11、13
- 世界自然保護基金（WWF） …… 23
- 世界保健機関（WHO） ………… 23
- 赤十字国際委員会 ……………… 23
- 設定 ……………………………… 5、7
- セブン-イレブン（会社） ……… 20
- 象印マホービン（会社） ………… 36

た

- 大会のロゴマーク（オリンピック） … 25、27
- 大会のマスコット（オリンピック） … 25、27
- 大会のメダル（オリンピック） … 24、26
- タカラトミー（会社） ………… 21

ツイッターのアイコン …………… 5、8	本の返却ポスト …………… 31、33
TBS（会社） ………………………… 21	
デザインバーコード ………………… 37	**ま や ら わ**
鉄道情報 ……………………… 17、19	マイクロソフトエッジ（ブラウザ） … 10、13
テレビ東京（会社） ………………… 21	マイクロソフト社（会社） ………… 10、13
天気予報のマーク ………………… 17、18	マクドナルド（会社） ……………… 21
電源 ………………… 10、11、12、17	○×クイズの色 …………… 16、17、19
電話 …………………………… 5、6	メール ………………………… 5、6
東京オリンピックのピクトグラム ……… 29	ミズノ（会社） ……………………… 21
	モスバーガー（会社） ……………… 21
な は	森永製菓（会社） …………………… 36
ニュース ……………………… 11、13	YAHOO! きっず …………………… 15
ニュース番組 ………………… 17、19	ヤマハ（会社） ……………………… 36
任天堂（会社） ……………………… 21	ユーチューブのアイコン …………… 5、8
乗換案内 ……………………… 11、13	LIVEのマーク ……………… 25、27
パラリンピックのシンボルマーク ……… 27	ライン ………………………… 5、8
PowerPointのアイコン …………… 14	ラフくん ……………………… 17、19
バンダイ（会社） …………………… 21	リオデジャネイロオリンピックの競技ピクトグラム
フェイスブックのアイコン ………… 5、8	……………………………………… 28
ファミリーマート（会社） ………… 20	リモコンのdボタン ………… 16、17、19
フジテレビのマーク（会社） ……… 17、18	リモコンの4色のボタン …… 16、17、19
プーマ（会社） ……………………… 21	ローソン（会社） …………………… 20
フォルダのアイコン ………………… 15	Word …………………………… 14
北京オリンピックの競技ピクトグラム … 29	Wi-Fi ………………………… 5、7
本の背ラベル ………………… 30、32	
本のバーコード ……………… 31、34	

イラスト	黒崎玄
装丁・本文デザイン	倉科明敏（T.デザイン室）
企画・編集	渡部のり子・山崎理恵（小峰書店） 常松心平・鬼塚夏海（オフィス303）
協力	古谷成司（千葉県富里市教育委員会） 古谷由美（千葉県印西市立小倉台小学校） 公益財団法人エコロジー・モビリティ財団
取材・写真協力	アフロ

さがしてみよう！ まちの記号とマーク❺

テレビ・ネットの記号とマーク

2017年4月5日　第1刷発行　　2019年9月10日　第3刷発行

編・著　小峰書店編集部
発行者　小峰広一郎
発行所　株式会社小峰書店
　　　　〒162-0066 東京都新宿区市谷台町4-15
　　　　TEL 03-3357-3521　FAX 03-3357-1027
　　　　https://www.komineshoten.co.jp/
印　刷　株式会社三秀舎
製　本　小髙製本工業株式会社

© Komineshoten 2017 Printed in Japan　NDC 801　39p　29×23cm　ISBN978-4-338-31005-5

乱丁・落丁本はお取り替えいたします。
本書のコピー、スキャン、デジタル化等の無断複製は著作権法上での例外を除き禁じられています。本書を代行業者等の第三者に依頼してスキャンやデジタル化することは、たとえ個人や家庭内での利用であっても一切認められておりません。

くらべてみよう そっくりマーク

すべりやすいので注意
こおりやすい道路などにある、注意マークだよ。

タクシー乗り場
タクシー乗り場のマークだよ！ 駅前によくあるね。

レンタカー
レンタカーの受付だよ。空港などで見かけるよ。

段差に注意
気づきにくい段差に、注意してもらうためのマークだよ。つまずかないよう、注意！

広域避難場所
災害のときのみんなの避難場所だよ。学校や公園が多いよ。

非常口
建物の中にある非常口を案内するよ。このマークをめざしてにげよう！

病院（地図記号）
病院を表す、地図上の記号だよ。国立や県立の病院をしめす記号だよ。

待合室
電車やバスを待つための場所だよ。いすがおいてあるから、すわっていられるよ。

ミーティングポイント
だれかと待ち合わせをするのに、おすすめの場所だよ。空港などで見られるよ。

病院（新・地図記号）
外国の人にもわかりやすいように、2016年に新しくつくられた地図記号だよ。